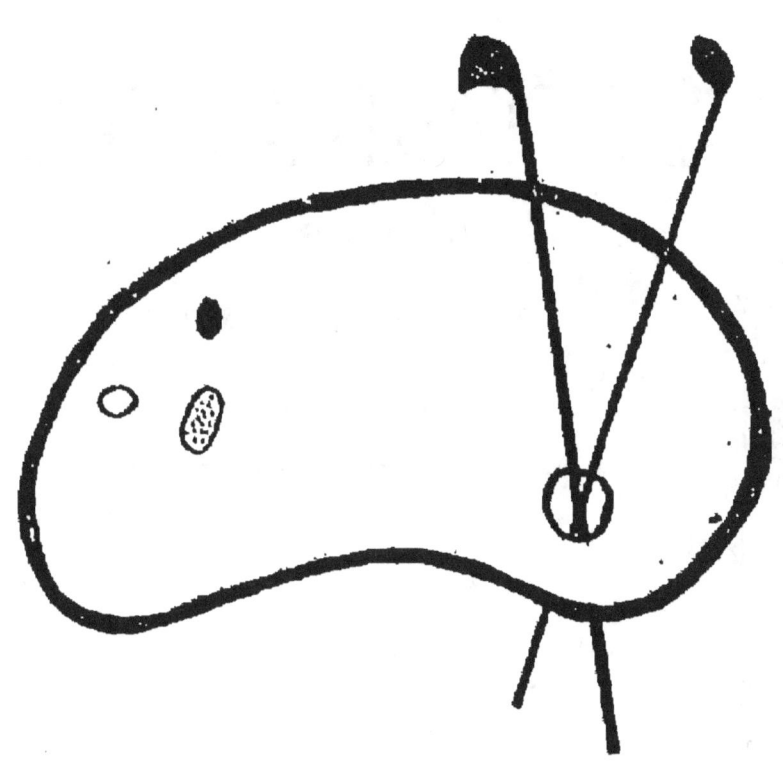

DEBUT D'UNE SERIE DE DOCUMENTS
EN COULEUR

mon petit Vandevelde

CATALOGUE

DE

27 TABLEAUX

DE CHOIX,

DES PREMIERS MAITRES DES DIVERSES ÉCOLES.

Par GEORGE,

ANCIEN COMMISSAIRE-EXPERT DU MUSÉE DU LOUVRE,

PARIS

MAULDE & RENOU,

IMPRIMEURS DE LA COMPAGNIE DES COMMISSAIRES-PRISEURS,
rue de Rivoli prolongée, au coin de la rue de l'Arbre-Sec.

—

1853

10098

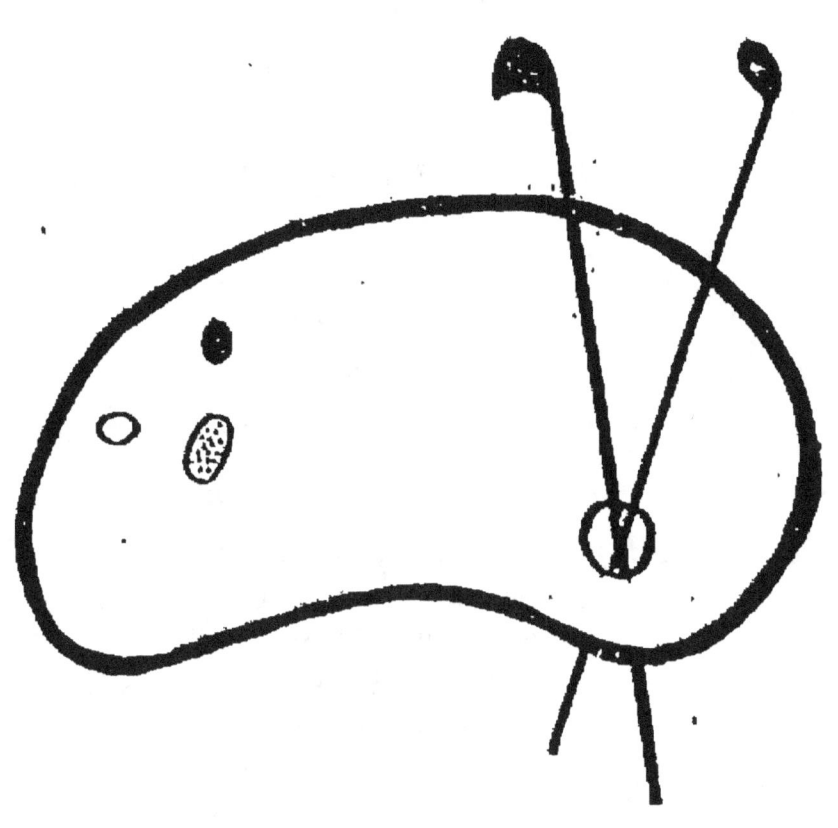

FIN D'UNE SERIE DE DOCUMENTS
EN COULEUR

CATALOGUE

DE

27 TABLEAUX

DE CHOIX,

DES PREMIERS MAITRES DES DIVERSES ÉCOLES ANCIENNES,

Par GEORGE,

ANCIEN COMMISSAIRE-EXPERT DU MUSÉE DU LOUVRE.

———— ✦ ————

LA VENTE DE CETTE COLLECTION

AURA LIEU

DANS L'ANCIENNE GALERIE LEBRUN,

RUE DU SENTIER, N. 8,

LE MARDI 7 JUIN 1853, A UNE HEURE.

Par le ministère de Me BONNEFONS DE LAVIALLE,
Commissaire-Priseur, rue de Choiseul, 11.

EXPOSITION PARTICULIÈRE.

Les Vendredi 3 et Samedi 4 Juin 1853.

EXPOSITION PUBLIQUE.

Les Dimanche 5 et Lundi 6 Juin 1853, de midi à 5 heures.

———— ✦ ————

LE CATALOGUE SE DISTRIBUE A PARIS

Chez {
M. GEORGE, Ancien Commissaire-Expert du Musée du Louvre, rue du Sentier, 8.
Me BONNEFONS DE LAVIALLE, Commissaire-Priseur, rue de Choiseul, 11.

—

1853

CONDITIONS DE LA VENTE.

———o—o✿o—o———

Elle sera faite au comptant.

Les acquéreurs paieront, en sus des adjudications, cinq centimes par franc applicables aux frais.

AVERTISSEMENT.

⟜⟜⟶ ⟶⟵⟞⟞

Malgré l'époque déjà avancée de la saison, nous avons accepté avec confiance la direction de la vente dont nous publions ici le Catalogue. L'exposition des ouvrages des artistes vivants retient en effet à Paris nos amateurs et en attire de nouveaux de toutes les parties de l'Europe. Le public des arts est donc encore au grand complet. Le succès d'une vente de bons tableaux est d'ailleurs toujours infaillible, et celle que nous annonçons est de nature à exciter la curiosité et l'empressement de tous.

Cette collection arrive d'Angleterre, et, pour le dire en passant, cette affluence de tableaux provenant de l'étranger n'est pas un des moindres signes de la recrudescence artistique qui se manifeste depuis quelque temps en France. Autrefois, nos tableaux émigraient, ils nous reviennent aujourd'hui, et bientôt sans doute Paris aura recouvré ses riches galeries particulières, si nombreuses au siècle dernier et au commencement de celui-ci.

La plupart des tableaux de cette collection ont figuré dans des galeries célèbres. Nous avons indiqué quelques-unes de leurs origines; le temps nous a manqué pour constater et vérifier les autres; d'ailleurs, on connaît depuis longtemps notre opinion à ce sujet, à savoir que des tableaux d'un mérite réel peuvent se passer de généalogie. Parmi les toiles capitales que renferme cette collection, nous nous contenterons de signaler un merveilleux portrait de Rembrandt, — une production hors ligne de David Téniers, — un Berchem de son plus beau faire, — un petit Adrien Vanden Velde d'une qualité exquise, — et parmi les maîtres moins illustres, un Rachel-Ruysch, — un Deheem, — un Diétrich, — tous trois représentés par des œuvres de premier choix.

Quelques-uns des tableaux n'étant pas arrivés au moment où nous achevons la rédaction de notre catalogue, nous avons cru devoir les classer à part, afin de les réserver à la libre appréciation des amateurs.

DESCRIPTION

DES TABLEAUX.

ASSELYN (Jean).

415   1 — Le Forgeron ambulant. *Lambert*

Un vieux forgeron assis à terre, est en train de battre sur l'enclume, au coin du carrefour d'une ville d'Italie. Un villageois monté sur un mulet, une femme portant un melon vert et deux jeunes garçons assistent à son travail.

On remarquera dans ce tableau une mise en scène fort pittoresque et une inspiration heureuse de la manière de Karel du Jardin.

Toile. — Haut. 50 c., Larg. 55 c.

BACKHUYSEN (Ludolf).

    2 — Mer orageuse. *George*

1600   Le ciel est envahi par des nuages ; les uns colorés par le soleil, les autres sombres et épais qui obscurcissent la surface de la mer. La lumière ne frappe plus qu'une petite étendue des eaux, le contour des vagues, la pointe des rochers et les voiles d'un bâtiment. Le vent qui souffle avec violence, enfle les voiles de trois vaisseaux qui surmontent péniblement l'agitation des flots, augmentée encore par l'obstacle des rescifs contre lesquels ils viennent se briser en écumant.

Backhuysen est le peintre par excellence des tempêtes. C'est dans le spectacle des agitations et des périls de la mer qu'il trouve ses plus beaux effets et ses plus saisissants chefs-d'œuvre. Annoncer une composition de ce genre, suffit à l'éloge du tableau.

Toile. — Haut. 88 c., Larg. 127 c.

BATONI (Le Chevalier Pompeo). *George*

3 — Saint-Jean-Baptiste.

Le Précurseur, debout et vu à mi-corps, tient d'une main sa croix de roseau enroulée d'une banderolle, et caresse de l'autre l'agneau symbolique. Une draperie rouge recouverte d'une peau de mouton, est jetée sur ses épaules.

La belle exécution de cette figure l'a fait attribuer au Guide ; nous croyons y reconnaître plutôt la facture, le caractère des têtes et le dessin de Pompeo Batoni.

Toile. — Haut. 99 c., Larg. 74 c.

BERCHEM (Nicolas).

4 — Le Passage du bac.

Un jeune seigneur et sa dame, qui reviennent à cheval d'une partie de chasse, sont arrêtés au bord de la mer, en attendant le bac qui doit les transporter au port voisin. Un piqueur debout, reçoit les ordres du maître ; un valet accouple les chiens; un villageois, assis sur le gazon, garde le reste d'un troupeau de bétail, dont une partie est déjà embarquée dans un bateau amarré au rivage. Deux galères sont mouillées au pied de hautes falaises coupées à pic, qui protègent l'entrée du port.

Cette brillante composition se recommande par l'élévation de son style, la noblesse et l'élégance des figures, le grand goût des ajustements et une pureté d'exécution qui ne se retrouve au même degré que dans les plus précieux ouvrages de Berchem.

(Galerie du prince Radziwill.)

Toile. — Haut. 48 c., Larg. 58 e.

CANALETTO (Bernardo Belotto, dit).

5 — Vue d'un palais.

800

Un prince de Saxe, accompagné de deux gentilshommes polonais, est arrêté sous un portique d'où il admire la splendide façade d'un palais italien, au pied duquel s'élève une fontaine jaillissante et décorée de statues. Un marchand, des mendiants et d'autres personnages remplissent et animent cette magnifique composition.

Tous les amateurs admireront la vivacité et la hardiesse de la touche, l'intelligence des lignes, la belle entente de perspective et la magie d'effet qui font de cette toile une des compositions capitales du maître.

Toile.— Haut. 156 c., Larg. 115 c.

570

(may Sen)

Schneider

CASTIGLIONE (Giovanni Benedetto, da).

6 — Adoration des Bergers.

Les Bergers adorent l'Enfant-Jésus couché sur la crèche, au-dessus de laquelle plane un groupe d'anges déployant une banderolle. La Vierge, en extase, lève les yeux au ciel.

Ce tableau réunit la grâce des airs de têtes du Guide aux brillants effets de Van Dick, dont Benedetto fut élève. Il porte le monogramme du maître et peut être comparé à la fameuse crèche de St-Luc du même artiste qui passe pour un des plus beaux morceaux de peinture de la ville de Gênes.

Toile. — Haut. 128 c., Larg. 149 c.

1905

DIETRICH (Christian-Wilhelm-Ernest). *Warneck.*

7 — Le Christ guérissant les malades.

Cette composition, où l'on compte cinquante figures, est du plus piquant effet pittoresque. Le naturel des expressions, la variété des groupes et des attitudes, la vigueur du coloris, l'esprit et l'énergie du pinceau, tout concourt à faire de ce tableau un des meilleurs pastiches de Diétrich, à l'imitation de Rembrandt.

On lit au bas du tableau : Dietricy pinxit, 1742.

Toile. — Haut. 85 c., Larg. 105 c.

4510 **GREUZE** (Jean-Baptiste). *Lambert*

8 — Madame de La Valvende.

Cette jeune femme est représentée assise dans un fauteuil et en négligé du matin. Un peignoir de mousseline blanche, dont elle retient d'une main les cordons dénoués, laisse entrevoir sa gorge demi-nue ; une rangée de petites fleurs blanches artificielles orne ses cheveux relevés en nattes sur le sommet de sa gorge.

Ce portrait décrit dans le catalogue raisonné de Smith, tome 8, page 444, provient de la collection de M. Charles Purvis de Londres, et est signalé comme un des ouvrages de l'exécution la plus soignée du maître. Nous ajouterons qu'il serait difficile de rencontrer une seconde figure de femme, ajustée avec plus de goût et de gracieuse coquetterie.

Toile, forme ovale. — Haut. 75 c., Larg. 59 c.

HEEM (David de).

2510

De Rotterdam

9 — Vase de Fleurs.

Les fleurs les plus rares et les plus belles qu'on puisse rassembler s'échappent gracieusement d'un vase de cristal déposé sur une table de pierre. De beaux papillons et de jolis insectes de toute espèce s'attachent autour de ces fleurs comme pour en exprimer le suc nourricier.

Ce tableau, considéré comme un des chefs-d'œuvre du maître, appartenait autrefois au roi de Pologne Stanislas-Auguste, qui en fit présent au prince Radziwill.

Bois. — Haut. 95 c., Larg. 70 c.

HOLBEIN (Jean). *a ambert*

600

lambert

10 — Portrait d'Élisabeth, d'Angleterre.

Cette Princesse est représentée à l'âge de 17 à 18 ans, avant son avénement au trône. Elle est vêtue d'une robe de velours noir, relevée de splendides broderies d'or et surmontée d'une collerette garnie d'une riche dentelle. Des pierres précieuses brillent dans ses cheveux d'un blond doré, relevés et crépés sur sa tête ; un collier à médaillon, enrichi de perles, est suspendu à son cou.

Bien que l'exécution de ce portrait diffère de la manière habituelle et caractéristique des ouvrages d'Holbein, nous lui avons conservé son ancienne attribution, motivée par la fonction de premier peintre du roi, que remplissait Holbein à la cour de Henri VIII, fonction qui lui réservait sans doute l'honneur exclusif de peindre les filles du souverain. Quoi qu'il en soit, le précieux fini de l'exécution de ce portrait suffirait pour le recommander à l'attention des amateurs, s'il ne se recommandait d'ailleurs par l'intérêt historique qui s'y rattache.

Toile. — Haut. 67 c., Larg. 55 c.

MEER (Jean-Vander) de Jong.

11 — Pâturage. *lambert*

305

Deux moutons et un groupe de brebis et d'agneaux couchés, se détachent sur la verdure d'une prairie bordée par la lisière d'un bois qui masque une partie de l'horizon.

Les ouvrages de ce peintre se recommandent surtout par la vérité avec laquelle il a rendu la laine des moutons ; ce tableau en offre un précieux exemple.

Toile. — Haut. 61 c., Larg. 51 c.

OMMEGANCK.

12 — Le Passage du gué.

Une villageoise assise sur un âne et un pâtre agitant son bâton, font passer le gué d'une rivière à un troupeau de chèvres et de moutons. Au-delà de la rivière la vue se porte sur un pays boisé et borné à l'horizon par des montagnes vaporeuses.

Ce paysage, éclairé par les rayons du soleil couchant, est d'une couleur claire et d'un brillant effet.

Bois. — Haut. 36 c., Larg. 50 c.

RACHEL-RUYSCH.

13 — Fleurs.

Un groupe de fleurs butinées par des papillons et des insectes s'élève de terre auprès d'un tronc d'arbre dépouillé. De petites plantes aquatiques croissent au bord d'un courant d'eau, avec des champignons et d'autres plantes à larges feuilles qui entourent le pied du bouquet. Un lézard vert qui cherche à saisir un papillon et d'autres reptiles rampent sur le gazon. — Fond de paysage.

La perfection et la dimension de cette toile semble la destiner à servir de pendant au beau tableau de David Deheem. Elle ne lui cède en rien par l'éclat et la fraîcheur de son coloris, et produit tout autant d'illusion.

Toile. — Haut. 05 c., Larg. 70 c.

6100

Lambert

REMBRANDT (Paul-Gerretsz, dit Van Ryn).

14 — Le Fauconnier.

Il est debout, à mi-corps, et vu de face ; son épaisse barbe brune, déjà grisonnante, et la toque rouge surmontée d'une plume jaune qui couvre sa tête, donnent à sa physionomie une expression toute particulière. Son costume se compose d'un large manteau brun à collet rabattu, passé par dessus un vêtement de couleur indécise. Un collier d'or, à deux tours, agraffé par une pierre précieuse et un cordon auquel est suspendue une croix incrustée de pierreries, brillent sur sa poitrine. Sa main droite est nue et engagée dans les plis de sa ceinture ; sur sa main gauche, gantée de peau de buffle, il porte un faucon grilleté et chaperonné.

Ce merveilleux portrait est traité dans la manière hardie et rapide que Rembrandt réservait à ses chefs-d'œuvre. Mais cette fois le modèle était digne de lui. Cette figure énergique, au teint sec et basané, accentuée par de rudes contours, devait tenter son pinceau. Aussi, avec quelle vigueur, il l'a pour ainsi dire sculptée dans la pâte, avec quelle hardiesse il a fouillé à coups de brosse toutes les arêtes et tous les méplats de cette physionomie aux traits saillants et anguleux. Le visage entrecoupé d'ombres et de lumière se détache sur un fond brillant ; la barbe et le buste plongent dans une demi-teinte transparente ; l'effet général est d'une harmonie et d'une illusion surprenante. Disons d'un seul mot que ce tableau est de ceux qui illustrent une collection, et qu'il suffirait à recommander cette vente à l'empressement et à la curiosité de tous les amateurs.

(Galerie de lord Coventry.)

Toile. — Haut. 92 c. Larg. 79 c.

4100

15 — Portrait d'un vieux Rabbin. *Lambert*

Le vieillard, debout et vu à mi-corps, est coiffé d'une toque de velours entourée d'un cordon de perles et de pierres précieuses. Une barbe blanche, longue et épaisse, divisée en larges boucles, encadre son visage inquiet et soupçonneux. Un ample manteau rouge, ouvert sur la poitrine, se drappe sur ses épaules et laisse apercevoir une espèce de ceinturon orné de broderies d'or, qu'il semble soutenir de sa main droite.

Ce portrait, d'une exécution large, vigoureuse et d'un bel empâtement, se distingue encore par une couleur chaude et dorée, et par la vérité de la carnation.

(Galerie de lord Middleton.)

Toile. — Haut. 105 c., Larg. 82 c.

SOOLMAKER (F.). *445*

Lefévre ou Félical
marchand de tableaux

16 — Paysage pastoral.

Devant une habitation champêtre ombragée d'arbres, une villageoise est occupée à traire une chèvre tout en causant avec un paysan qui conduit un âne. Un autre villageois, assis à terre, garde un troupeau de chèvres et de moutons.

Tableau d'une touche large, d'un bon ton de couleur et composé dans le goût des scènes pastorales de Berchem.

Bois. — Haut. 37 c., Larg. 48 c.

Moreau

TENIERS (David). *11200*

17 — Un Village de Flandre. *Chenest*

Des villageoises réunies devant leurs habitations, disposent pour le marché des fruits et des légumes de toute

Moreau, artiste peintre, rue des Beaux-Arts,

espèce. Un vieillard à barbe blanche appuyé sur une bêche,
leur indique du doigt la charrette sur laquelle on doit les
charger. Ces personnages représentent le père, la mère et
les sœurs de Téniers. De l'autre côté du paysage, au-delà
d'une petite rivière et d'une charmante perspective de campagne, on aperçoit l'église du village à demi-masquée par
les grands arbres d'une avenue.

Téniers a prodigué dans ce tableau toutes les ressources
de son pinceau, toutes les richesses de sa palette. C'est
assez dire qu'il est de ce beau ton argentin qui passe pour
sa couleur par excellence, et que cette touche spirituelle
qui caractérise proverbialement sa manière, y a produit
des merveilles de relief, de finesse et de précision. L'ama-
teur qui acquerra ce tableau, possédera un des chefs-
d'œuvre de Téniers.

(Galerie du prince Radziwill.)

Tolle. — Haut. 86 c., Larg. 125 c.

TERBURG (Gérard Ter-Borg).

18 — La Ménagère Hollandaise.

Une dame hollandaise, jeune encore quoique ses formes
soient déjà fort arrondies, remplissant ses devoirs de maî-
tresse de maison, examine une pièce de boucherie que lui
présente sa cuisinière. Son costume contraste curieusement
avec la vulgarité de son occupation : elle porte, en guise de
vêtement du matin, une camisolle et une jupe de satin
blanc, garnis d'un double galon d'argent. Ses cheveux,
relevés par un simple ruban tombent en nattes derrière
son cou d'une éclatante blancheur. La servante, coiffée
d'un petit béguin blanc, est vêtue d'un casaquin de soie

brune et d'un jupon de couleur carmélite, recouvert
d'un tablier bleu. Un petit épagneul, couché à terre,
relève la tête d'un air de convoitise, et semble flairer la
pièce appétissante qu'elle tient à la main. Un lit à balda-
quin, un tableau accroché à la muraille, un fauteuil, un
seau de cuivre et un chandelier, composent l'ameuble-
ment de la chambre avec une table recouverte d'un tapis de
Turquie, sur laquelle est posé un miroir, à côté d'un coffret
de bijoux.

Cette composition est d'une piquante simplicité ; la dis-
tinction de l'élégante ménagère, y relève heureusement la
trivialité du sujet. C'est un privilége accordé aux talents
supérieurs que de savoir ainsi ennoblir et poétiser les plus
humbles détails de la vie domestique.

Toile. — Haut. 95 c. Larg. 76 c.

TITIEN (Composition du). 460

19 — Diane découvrant la grossesse de Calisto.

La Déesse, assise sur un rocher et entourée de ses com-
pagnes, désigne d'un doigt menaçant Calisto dont une
nymphe vient de soulever la draperie. La scène se passe
auprès d'une fontaine surmontée d'une statue de l'Amour,
qui se détache sur un fond vivement éclairé de paysage
boisé et montagneux.

Cette belle composition du Titien est traduite dans la
manière énergique et facile de Luca Giordano.

Toile. — Haut. 164 c., Larg. 198 c.

VELASQUEZ (Attribué à).

300

20 — Portrait équestre d'un prince de la maison de Bourbon.

Il monte un cheval pie, lancé au galop, qu'il dirige avec une noble assurance. Une perruque brune, tombant en larges boucles, encadre sa physionomie majestueuse qui porte tous les caractères du type bourbonnien. Son costume est celui du temps de Louis XIV.

Portrait d'une imposante prestance et d'une énergique facture. — Une ancienne attribution donnait ce tableau à Velasquez; nous le croyons postérieur et d'un artiste contemporain de Philippe V. Mais, quel qu'il soit, on peut le ranger parmi les peintres espagnols qui ont suivi le plus heureusement la manière et les traditions de Velasquez.

Toile. — Haut. 322 c., Larg. 275 c.

VELDE (Adrien van den).

marchand de tableaux
Simonet père
11 rue d'argenteuil

21 — Pâturage.

2000

Deux chevaux, deux vaches, trois brebis et une chèvre paissent en liberté sur le sommet d'un tertre sablonneux et semé de verdure; un cheval est couché au pied d'un arbre. Dans le lointain, une charrette attelée de deux chevaux chemine à travers champs.

Ce joli petit tableau est remarquable par la fraîcheur du coloris, le rendu de l'exécution et l'effet piquant produit par les reflets variés d'un ciel d'orage.

Bois. — Haut. 25 c., Larg. 50 c.

1025

WERFF (Adrien Vander). 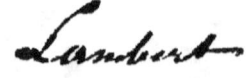 *Lambert*

22 — Jupiter et Calisto.

Jupiter, sous la figure de Diane, séduit la Nymphe de la Déesse; ils sont assis tous deux à l'ombre d'un bosquet touffu.

Tableau de cette belle qualité d'exécution finie et fondue qui fait l'originalité et la valeur des ouvrages de ce maître.

Galerie du Prince Radziwill).

Cuivre. — Haut. 44 c., Larg. 36 c.

Les cinq tableaux ci-après mentionnés, n'étant pas arrivés à Paris, en temps opportun, nous en avons rédigé la description d'après les indications du propriétaire. Ce contretemps est très regrettable, car ces tableaux ne sont ni les moins importants, ni les moins précieux de la collection. Nous avons donc cru devoir en prévenir le public, afin qu'il veuille bien excuser d'avance les erreurs de description qui auraient pu se glisser dans les articles suivants:

CUYP (Albert).

23 — Un Pâturage. *Lambert*

3300

Quatre vaches paissent dans une prairie au pied d'une montagne soutenue par des rochers à pic; à gauche se déroule un pays montagneux; les dernières lueurs du soleil couchant brodent de lumière le contour des nuages dont le ciel est semé.

L'air circule partout dans ce paysage ; tout est naïf et d'une grande vérité de ton.

Toile. — Haut. 41 c., Larg. 33 c.

DENNER (BALTHASAR).

24 — Portrait d'un Vieillard.

Il est représenté en buste, la tête couverte d'un bonnet fourré ; des poils de barbe clairsemés et courts pointillent son menton. Un habit de ratine couleur jaunâtre compose tout son vêtement.

Tout le monde sait avec quelle minutieuse vérité Denner rendait les rides des vieillards et jusqu'aux détails les plus imperceptibles des effets de la peau, de quelles nuances pleines de vie et d'animation il sait en colorer l'épiderme. Aucun peintre dans ce genre n'a atteint un semblable degré d'illusion et de naturel. Eh bien ! toutes ces brillantes qualités doivent se retrouver dans ce portrait qui nous est annoncé comme un des chefs-d'œuvre du maître.

Haut. 53 c. Larg. 46 c.

GREUZE (JEAN-BAPTISTE).

25 — Le Petit Boudeur.

Un joli garçon de dix à douze ans est représenté en buste, la tête couverte de cheveux blonds et bouclés. Une petite moue donne à sa physionomie une piquante expression de bouderie enfantine.

Morceau traité en étude et d'une grande légèreté d'exécution.

Toile. — Haut. 41 c., Larg. 33 c.

HOBBEMA (MINDERT).

26 — Intérieur de Forêt.

Un cavalier et une dame se dirigent vers des chasseurs à cheval qui poursuivent un cerf par un chemin tournant tracé à travers la forêt. Sur le premier plan, un chêne énorme domine les autres arbres et se détache des verdures environnantes par l'ampleur de ses branches et la vigueur de son feuillage.

L'exécution facile et puissante d'Hobbema se trouve réunie dans ce tableau à un rendu de détails qu'il est rare de rencontrer dans les ouvrages de ce maître. La couleur est de ce beau ton vert qui imite si bien la nature.

Haut. 66 c., Larg. 81 c.

RUYSDAEL (JACQUES).

27 — La Lisière d'un Bois.

Des paysans, conduisant des bestiaux, cheminent sur une route qui s'enfonce dans l'intérieur d'une épaisse forêt. A droite on aperçoit l'extrémité d'un lac, au-delà duquel se déroule une campagne inculte.

Ce paysage, de l'exécution la plus soignée du maître, séduit par la couleur dorée qu'il emprunte aux derniers instants d'un beau jour d'été. De jolies figures de Berchem ajoutent encore à sa valeur.

Haut. 66 c., Larg. 81 c,

Maulde et Renou, Imprimeurs de la Compagnie des Commissaires-Priseurs, Rue de Rivoli prolongée.

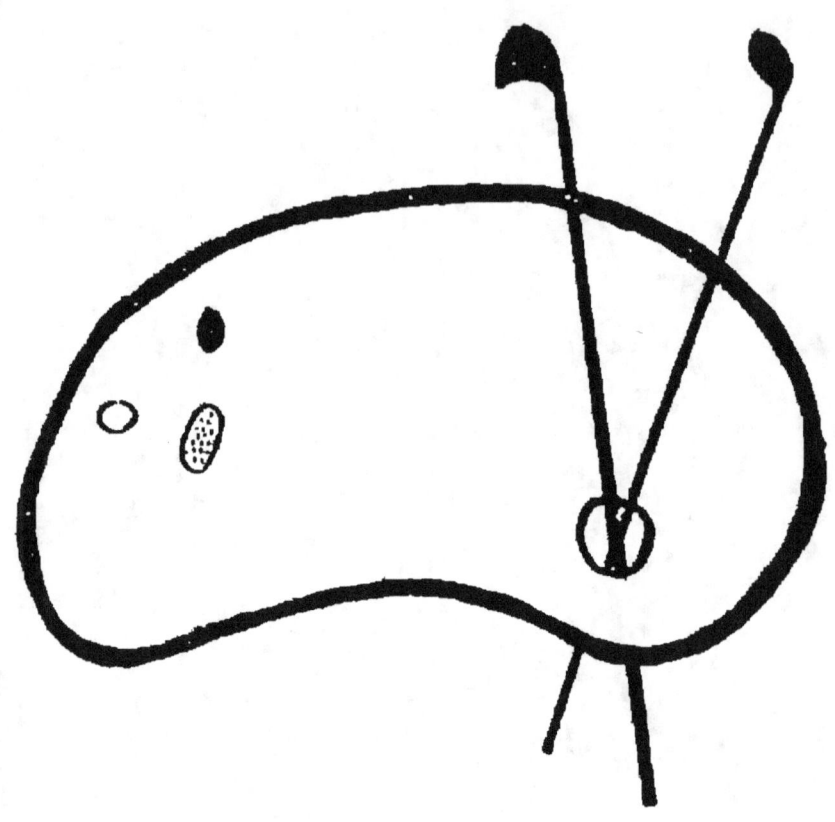

ORIGINAL EN COULEUR
NF Z 43-170-8